Rauchen aufhören

Erfahre das Geheimnis der Rauchentwöhnung und wie ich nach 23 Jahren als starker Raucher endlich rauchfrei wurde und aktuell schon über 10 Jahre Nichtraucher bin

Dieses Buch klärt dich in einfacher und verständlicher Sprache darüber auf, was der wirkliche Grund ist, warum es vielen so schwer fällt, vom Nikotin weg zu kommen und dann auch Nichtraucher zu bleiben.

Ich musste mir dieses Wissen als Ex-Raucher durch viele gescheiterte Versuche hart erarbeiten. Du kannst dieses Wissen hier ganz einfach beim Lesen mitnehmen und für dich anwenden. Herzlichen Glückwunsch zum ersten Schritt in die richtige Richtung!

Du wirst nach dem lesen des Buches wissen, dass dir bis jetzt wichtige Dinge einfach vorenthalten und verschwiegen wurden.

INKLUSIVE: GRATIS-ONLINE-SEMINAR

Hannes Heinemann

© 2020 Hannes Heinemann
Auflage: 1

Autor: Hannes Heinemann
Verlag & Druck: tredition GmbH, Halenreie 40-44, 22359 Hamburg
ISBN: 978-3-347-11688-7

Bildrechte & Lizenzen
Bilder wurden mit entsprechenden Lizenzen über: https://www.123rf.com
erworben. Siehe Seite 63

Cover Bild: [Hannes Heinemann] canva.com

Inhaltsverzeichnis

Einleitung

Es sind jetzt bereits mehr als 10 Jahre vergangen, seit ich meine letzte Zigarette ausgedrückt habe. Die Fragen der Raucher, die nach einer Lösung suchen, um sich am besten auf eine sehr intelligente und leichte Art von dieser Sucht zu lösen, sind jedoch dieselben geblieben. Das ist in einer schnelllebigen Zeit, wie der jetzigen, eigentlich sehr ungewöhnlich.

Aus genau diesem Grund kann und möchte ich in diesem Buch als Berater oder sogar Freund nicht mit Wortphrasen dienen, die man an vielen Stellen liest und auch hören kann. NEIN, ich möchte vielmehr meine persönlichen Erfahrungen teilen und dir etwas zeigen, worüber in der Öffentlichkeit so nicht gesprochen wird, was aber der Auslöser dafür war, dass ich heute schon über 10 Jahre Nichtraucher bin und das ohne der Zigarette nachzutrauern.

Es sind schon einige Jahre vergangen, seit ich nicht mehr qualme und ich hatte eigentlich niemals vorgehabt, darüber zu reden. Allerdings wurde ich regelrecht von einer inneren Stimme verfolgt, die mir wieder und wieder sagte: "Hannes, du musst den Menschen da draussen helfen!"

Der Grund, warum ich so lange damit gewartet habe, ist folgender...

Es gibt leider Menschen (Nichtraucher), die ihren Vorteil gegenüber Rauchern, die leider nicht wissen, warum sie nicht vom Nikotin wegkommen, ausnutzen. Deshalb möchte ich dich bitten, diesen Vorteil mit Respekt gegenüber anderen Rauchern nur für dich selbst zu nutzen. Wenn du das nicht kannst, dann möchte ich dich bitten, dieses Buch nicht zu kaufen … Schließe jetzt die Einleitung und halte bitte Ausschau nach einem anderen Buch.

Wenn es für dich okay ist, dich daran zu halten, dann möchte ich dich recht herzlich einladen, mir als der nächste Nichtraucher zu folgen und das ohne der Zigarette nachzutrauern. Der Grund, warum ich dir diese Message so selbstverständlich hier übermittle und das obwohl wir uns nicht persönlich kennen, ist ganz einfach.

Ich bin viele Male gescheitert. Teilweise nach kurzen Phasen und manchmal auch, wenn ein bisschen mehr Zeit als "Nicht-mehr-Raucher" verstrichen ist. Ich habe weder besondere Fähigkeiten noch bin ich überdurchschnittlich begabt oder intelligent. Es gab wirklich Zeiten, in denen ich dachte, dass ich bis an mein Lebensende rauchen müsste. Dieser Gedanke hat mich oft sehr nachdenklich und traurig gemacht. Ein innerer Drang hat mir aber dazu verholfen, es wieder und wieder zu versuchen.

23 Jahre lang war ich sehr starker Raucher und habe pro Tag zu meinen "besten" Zeiten 30 bis 40 Zigaretten geraucht. Erst die Vielzahl meiner gescheiterten Versuche hat mich dazu gebracht, meine Sichtweise zu verändern und zwar auf die Sucht, denn da liegt die Fehlerquelle.

Das Problem liegt auf keinen Fall nur an dem Raucher, den man gerne einreden möchte, dass er/sie zu schwach sei. Ich weiß, es hört sich absolut grotesk an, denn schließlich ist es jeder einzelne, der sich entscheidet seine guten Vorsätze wieder über Bord zu werfen, um weiter ein zahlender Kunde der Tabakindustrie zu bleiben. Wenn man aber gewisse Dinge, die sehr wichtig sind, einfach nicht kommuniziert und dadurch dafür sorgt, dass die Masse der Suchenden nach einer Lösung, um endlich Nichtraucher zu werden, in die falsche Richtung läuft, dann hat das für sehr viele eine negative Auswirkung und erschwert den Prozess erheblich.

Ich bin heute fast davon überzeugt, dass einige Stellen sogar daran interessiert sind, dass die Raucher weiter bei ihrer Sucht bleiben, denn schließlich bringen diese jedes Jahr alleine in Deutschland 14.Milliarden Euro an Steuereinnahmen ein. Das ist natürlich meine Meinung aber auch ein Argument, um eine gewisse Anzahl von Erkenntnissen nicht zu erwähnen, denn bekanntlich weckt man klugerweise keine schlafenden Hunde, indem man dafür sorgt, dass so Steuereinnahmen wegbleiben.

Wir beide haben das Glück, eine bestimmte Zeit - die ich persönlich als Miete bezeichne - auf diesem wundervollen Planeten zu verweilen, der natürlich nicht nur sonnige Tage hat und wo es einige Dinge gibt, die eigentlich nicht richtig sind. Trotz der Schattenseiten ist es ein ausgesprochenes Glück, hier zu sein. Deshalb müssen wir alles dafür tun, um unsere Zeit hier so gut wie möglich zu nutzen.

Ja, es wird einem schon manchmal ganz schön etwas abverlangt und vieles, was wir versuchen, gelingt nicht gleich auf Anhieb. Diese Phasen jedoch, in denen wir kämpfen müssen, sind die, die uns ausmachen und immer besser werden lassen. Wenn du also schonmal bei dem Versuch mit dem Rauchen aufzuhören, gescheitert bist, sehe es trotzdem als Erfolg und kämpfe weiter, denn wenn ich es geschafft habe, mich von dieser Sucht zu befreien, dann schaffst du es auch.

Der Erfolg im Scheitern liegt darin, dass man sich selber besser kennen lernt und bei genauer Betrachtung die Punkte und Ebenen aufgezeigt bekommt, an denen man arbeiten muss, um sein Ziel zu erreichen. Den Fortschritt erkennt man daran, dass sich der Punkt des Scheiterns immer näher in Richtung Ziel bewegt.

Wusstest du, dass Bambus ganze drei Jahre damit beschäftigt ist, eine Wurzel zu bilden, bevor die Pflanze sich an der Oberfläche zeigt. **"Aufgeben ist keine Option!"**

Zusätzliches Angebot

Basierend auf meiner Erfahrung und Gesprächen mit Fachleuten bin ich auf etwas gestoßen, worüber niemand redet und was uns komplett vorenthalten wird, um die Nikotinsucht zu besiegen.

Ich führe jetzt seit Februar 2009 ein Leben als Nichtraucher und das ohne der Zigarette nachzutrauern. Das war mir aber nicht mehr genug, denn jetzt habe ich eine Mission: Ich möchte, dass alle, die es jetzt schaffen wollen, endlich Nichtraucher zu werden, von diesem Wissen profitieren. Deshalb veranstalte ich regelmäßig kostenlose Online-Seminare.

Hier kannst du deinen kostenlosen Platz sofort reservieren:
https://rauchen-aufhoeren.eu/seminar

Kaffee ohne Zigarette – Wie bitte?

Zwischen Kaffee und Zigarette besteht ohne jeglichen Zweifel eine besondere Verbindung, die für eine gemütliche Atmosphäre sorgt. Das würden mit Sicherheit 90% aller Raucher so unterschreiben. Die restlichen 10% lasse ich offen, da es auch Mitmenschen unter uns gibt, die keinen Kaffee trinken. Ich selber konnte mir zu meinen Zeiten als Raucher nicht vorstellen, dass der Kaffee ohne Zigarette schmecken soll und jeder, der das Gegenteil behauptet hat, den habe ich freundlicherweise in meinen Gedanken als verrückt erklärt.

Kaffee und eine oder zwei dazu rauchen ist DAS Ritual. Die Volksdroge Nummer eins ist: Unser Muntermacher. Ich erinnere mich noch gut an das Gefühl wie mein Raucherherz gejubelt hat, wenn ich mir eine Pause gegönnt habe und es einen Kaffee zu dem Anlass gab. Gleichzeitig mit diesem jubelnden Gefühl stellte sich aber gleich eine automatische Handlung ein: Ich suchte nach örtlichen Hinweisen auf dem Platz, die das Rauchen evtl. verbieten könnten und griff zugleich in die Tasche, um Feuerzeug und Zigaretten rauszukramen. Da soll mal noch einer behaupten, wir wären nicht multitaskingfähig!

Die Kombination aus Kaffee und Zigaretten ist für einen Raucher schon fast heilig und wird besonders gerne am Morgen zelebriert. Wenn man jedoch mal gedanklich versucht, einen Schritt zurückzutreten, um eine Art Vogelperspektive einzunehmen, sieht es schon fast so aus, als würde diese Kombination aus Kaffee und Zigaretten eine Einheit wie siamesische Zwillinge bilden.

Zu meinen Zeiten als Raucher habe ich es am Morgen sogar vorgezogen auf der kalten Terrasse zu stehen, anstatt es mir drinnen im Warmen gemütlich zu machen, nur um bei der morgendlichen Tasse Kaffee auch zu rauchen.

Wenn man beides mal betrachtet, ist Kaffee und auch der Tabak im 16. Jahrhundert nach Europa gekommen, wobei speziell der Tabak oder die Pflanze in Zeiten der Entdeckerfahrten durch Seeleute den Weg zu uns gefunden hat. Wenn man das Phänomen dieser Verbindung betrachtet, wird verständlicher, warum wir denken, wir müssen etwas aufgeben, wenn wir das Rauchen an den Nagel hängen wollen. Gedanken wie "Es wird nicht mehr so sein wie vorher." oder "Irgendwie wird die Gemütlichkeit beim Kaffee trinken darunter leiden." kommen gefolgt von einem unangenehmen, mulmigen Gefühl. Man denkt, dass diese "speziellen Momente", wie ich sie gerne bezeichnet habe, aufgeben muss. Diese Momente mit sich selbst in der Kombination mit Kaffee und Zigarette. Wie aber entstehen solche Gedankenmuster?

Lass' es mir mit Hilfe einer Geschichte erklären.

Als Raucher habe ich mehr Kaffee getrunken. Oh ja… viel mehr, würde ich sogar behaupten. Aber damit war ich nicht alleine, denn es geht vielen Rauchern so. Zu meinen Zeiten als Raucher habe ich es geliebt und genossen und so war ich viele Jahre als LKW Fahrer unterwegs, um die verschiedensten Güter zum Beispiel in Spanien und Italien auszuliefern. Ich werde diese Zeit niemals vergessen, denn es war die Zeit, wenn es im November in Deutschland bereits ungemütlich kalt ist, die Temperaturen im Süden von Spanien jedoch immer noch bei angenehmen 20 Grad liegen. Ich habe es geliebt, mich mit meiner Tasse Kaffee irgendwo am Meer hinzusetzen und diesen Moment zu genießen.

Wenn du jetzt mittlerweile vielleicht das Gefühl entwickelst, dass du dich möglicherweise am falschen Buch vergriffen hast, da es mehr so klingt wie "Wo sind die besten Plätze zum qualmen!", anstatt nach einem Ratgeber, um endlich rauchfrei zu werden, darf ich dich an dieser Stelle beruhigen. Du hast das richtige Buch gewählt. Diese Geschichten sind jedoch sehr wichtig, damit du verstehen kannst, wo und wie sich meine Sichtweisen verändert haben, so dass ich es endlich geschafft habe, dauerhaft rauchfrei zu werden.

Die Geschichten, die hinter mir liegen, sehe ich heute als eine schöne Zeit und einen Lebensabschnitt an, der hinter mir liegt. Ich kann an die Zeit zurückdenken, ohne Wehmut zu empfinden oder etwas zu vermissen. Und genau diese Denkweise kannst und wirst du auch entwickeln. Kommen wir aber nun zurück zum Punkt, der eine Erklärung dafür liefert, warum Raucher mehr Kaffee trinken.

Das liebe Koffein ist unser Muntermacher, wenn auch nicht für alle. Der Raucher wird an der Stelle betrogen und sollte eigentlich nur den halben Preis für Kaffee zahlen. Oder doch besser die Kippen weg lassen? Das Nikotin, das man beim rauchen zu sich nimmt, sorgt dafür, dass das Koffein im Körper viel schneller abgebaut wird als beim Nichtraucher. Diese Reaktion oder das gegenseitige Aufschaukeln bei der Einnahme von verschiedenen Genuss- oder

Suchtmitteln ist nicht ungewöhnlich. Das heißt, dass man als Raucher öfter und mehr Kaffee trinken muss, um dieselbe Wirkung wie ein Nichtraucher zu erreichen.

Du kannst dich also auf die Zukunft freuen, denn du wirst nicht nur gesünder leben, weil du bald die Kippen über Bord schmeißt, sondern auch noch weniger Kaffee trinken. Cool, oder? Das ist ja fast so, als wenn man bei einem Autokauf für die nächsten drei Jahre die wöchentliche Wagenwäsche mit dazu bekommt.

Ein weiteres Phänomen, das jeder von uns kennt, ist der Genuss von Alkohol, dem wir uns in Gesellschaft gerne mal hingeben und dann am nächsten Morgen, wenn uns der Schädel brummt, dem Alkohol die Schuld zuschieben wollen. Aber ist wirklich der Alkohol Schuld an diesem unangenehmen Gefühl?

Der Genuss oder die Menge, die man zu sich nimmt, ist auch hier wieder ein gegenseitiges Anheizen. Trinkt man Alkohol, raucht man automatisch mehr und wenn man mehr raucht, dann trinkt man automatisch mehr. So schaffen es manche bei einem geselligen Abend eine ganze Packung Zigaretten zu rauchen und dazu etliche Bier zu trinken. Was in dem Zusammenhang passiert, ist, dass jeder Suchtstoff im Gehirn Stress auslöst und genau da passiert das Kuriose: Im Gehirn wird eine Art Alarm ausgelöst, der den Raucher dazu animiert, etwas gegen den Stress zu tun.

Da man als Raucher der Meinung ist, dass rauchen und auch das Bierchen dazu entspannt und beruhigt, nimmt man genau diese Dinge, um den Stress abzubauen, die diesen aber eigentlich erst erzeugt haben. Am nächsten Morgen versucht man eine plausible Erklärung zu finden und beendet es mit den Worten: "Nie wieder Alkohol"

An diesem Punkt sind sich glaube ich die meisten Raucher einig, es sei denn, dass sie keinen Kaffee oder Alkohol mögen. Das werden aber sehr wenige Menschen sein, denn in meiner Zeit als Raucher ist mir dieser Fall nicht einmal begegnet. Es war zumindestens immer so, dass wenigstens eines von beiden ganz gerne konsumiert wurde.

Das was ich aber bei jedem Raucher, mit den ich zusammen Kaffee oder das ein oder andere Bier getrunken habe immer wieder gehört habe, war folgendes: "Lass uns doch dazu eine rauchen!" Gerne wurde in dem Zusammenhang auch mal eine spendiert mit der Bemerkung: "Ich kann ja später eine von dir mit rauchen".

Es könnte oder müsste doch eigentlich andersherum heißen. Rauchen wir wirklich eine Zigarette zum Kaffee oder trinken wir einen Kaffee zur Zigarette? Eigentlich spielt das auch gar nicht so eine große Rolle. Die Hauptsache ist doch, dass etwas geändert wird. Aber wie soll das gehen? Das Leben soll doch lebenswert bleiben - auch wenn du dich dazu entschließt, die Zigarette für immer in die Verbannung zu schicken.

Das Rauchen fällt schon lange unter die Macht der Gewohnheit und hat sich in unsere täglichen Rituale eingeschlichen. Die Zigarette ist ein Teil des Lebens und jeder Gedanke an eine Veränderung löst diese innere Unruhe aus. Ich kann mich noch genau daran erinnern, denn es fühlt sich an, als wenn man eine Art Gemütlichkeit für Gesundheit und Vernunft aufgeben soll. Die Wahrheit ist aber, dass du mehr gewinnen wirst, als du dir momentan vorstellen kannst.

Panik bei dem Gedanken, mit dem Rauchen aufzuhören

Deine persönliche Geschichte kenne ich nicht, aber aus irgendeinem Grund ziehst du es in Erwägung, der Tabakindustrie den Rücken zu kehren. Wie also schaffst du es, diese Art von Panik loszuwerden, die aufkommt, wenn du daran denkst, mit dem Rauchen aufzuhören?

Es gibt eine Reihe von Anleitungen, die einem als Raucher erklären, wie schlecht und sinnlos das Rauchen ist. Ich will diese Aufzählung an dieser Stelle nicht unnötig in die Länge ziehen, denn auch ich habe damals in solchen Büchern eine Lösung gesucht. Beim Lesen jedoch bekam ich nur das Gefühl, dass ich unglaublich schwach und willenlos sei. Dass ich kein Verantwortungsbewusstsein hätte.

Abgesehen von den Rauchern, die aus Überzeugung rauchen und auch jedes Risiko in Kauf nehmen, gibt es glaube ich keinen Raucher, der stolz darauf ist zu rauchen. Was also bringt es, einen Raucher derart anzugreifen und ihm ein schlechtes Gewissen zu machen? Nichts. Denn dadurch stärkt man niemanden in seinem Selbstvertrauen.

Bei einem gescheiterten Versuch mit dem Rauchen aufzuhören gibt es gleich den nächsten Knacks in der Denkweise, indem das Gelesene wieder in Erinnerung gerät und dann sind folgende Gedanken schon vorprogrammiert: "Ich bin zu schwach und nur andere schaffen es, mit dem Rauchen aufzuhören". Wenn du auch schon mal so gedacht hast, dann streiche das bitte sofort aus deinem Denken, denn du hast schon viele andere Dinge in deinem Leben vollbracht und diese waren auch nicht immer leicht, oder?

Ich würde dir gerne das Wundermittel nennen, nach dem so viele suchen, um all dem aus dem Weg zu gehen. Am schönsten wäre es doch, wenn du einfach für zwei Wochen in den Winterschlaf fallen würdest und nach dem Aufwachen die schlimmste Zeit vorüber ist, oder? So funktioniert das leider nicht. Aber wie wäre es damit, gewisse Dinge erst einmal zu verstehen?

Okay legen wir los ...
Der Spruch, dass wir Menschen Gewohnheitstiere sind, kommt nicht von ungefähr, denn jeder von uns baut sich sein Leben so auf, wie es am besten passt. Dazu zählen auch die Dinge, die wir als Gewohnheiten bezeichnen.

Das ganze Konstrukt funktioniert für uns wie eine Festung oder eine Burg um uns herum, in der alles einen festen Bestandteil hat. Wenn man jetzt also etwas entfernen will, wie etwa das Rauchen, dann ändert sich die Statik und somit die Stabilität in der Festung und alles scheint in Bewegung zu geraten.

Die Zigarette und das Rauchen ist nicht von heute auf morgen ein fester Bestandteil in deinem Leben geworden. Versuche dich mal zu erinnern, wie es war, deine erst Zigarette zu rauchen. Wie hat sie anfangs geschmeckt?

Wie lange hast du geraucht bis hin zu dem Tag, an dem du täglich angefangen hast zu rauchen und das gerne zu z.B. einem Kaffee und ohne zu husten? Es ist einiges an Zeit vergangen, richtig? Wenn man so viel auf sich genommen hat, um das Rauchen zu einem festen Bestandteil in seinem Leben zu machen, dann brauchen wir auch etwas Zeit, um diesen Prozess wieder rückgängig zu machen. Das ist ganz normal.

Das Gefühl, etwas aufgeben zu müssen

Es widerstrebt uns in der Natur, Dinge und somit unser Leben zu ändern, denn es entsteht ein Gefühl, etwas aufgeben zu müssen, auch wenn der Verstand den Nutzen oder eben die Sinnlosigkeit schon längst erkannt hat. Es braucht seine Zeit, bis wir uns dem Prozess komplett hingeben können. Das liegt daran, dass wir das Rauchen mit vielen Dingen kombinieren und die Zigarette dem Raucher ein Gefühl gibt, sich dadurch besonders gut entspannen zu können.

Ich möchte dir fairerweise sagen, dass es Absicht war, dass du dieses Gefühl bekommst, denn die Tabakindustrie ist daran interessiert, dich zum einen als zahlenden Kunden zu binden und auch zu behalten und zum anderen, dass du kostenlose Werbung für diese Herrschaften betreibst, indem du als lebendiges Werbeschild für alle anderen, die noch nicht rauchen, herum läufst und somit Neugierde bei anderen weckst.

Das Verrückte dabei ist, dass man als Raucher viele Dinge weiß und einem all die Informationen übers Rauchen nicht neu sind. Trotzdem hat man Angst, vieles aufgeben zu müssen. Diese Gedanken hat ohne Ausnahme jeder Raucher, der darüber nachdenkt, mit dem Rauchen aufzuhören.

Wir befinden uns in einer Welt, die sehr bunt und facettenreich ist und das ist der Grund dafür, warum es viele verschiedene Meinungen gibt. Das ist auch super so, denn es werden auch viele Dinge hinterfragt. Ist es nicht absurd, dass die vielen verschiedenen Meinungen auf einmal nicht mehr existieren, wenn es darum geht, mit dem Rauchen aufzuhören? Auf einmal hat fast jeder dieselben Ängste und Verlust-Gedanken.

Alle diese Gedanken bis hin zu Ängsten, die jedem Raucher durch den Kopf gehen, wenn er/sie daran denkt, mit dem Rauchen aufzuhören, sind von der ersten Zigarette an gewollt und bewusst gesteuert.

Dieser Prozess geschieht schleichend und im Hintergrund, so dass man es nicht mitbekommt. Gedanken und Meinungen im Allgemeinen bestimmen unser aller Leben und alles, was darin passiert. Was aber, wenn diese Gedanken manipuliert wurden? Bitte halte an dieser Stelle mal kurz inne und denke darüber nach.

Wenn du mehr darüber erfahren willst und wissen willst, wie du dem entgegenwirken kannst, um endlich Nichtraucher zu werden und das ohne ständig an die Zigarette denken zu müssen und du wissen willst, wie ich nach 23 Jahren als starker Raucher es geschafft habe, durch ein Geheimnis diesem Teufelskreis zu entkommen, dann solltest du dir unbedingt einen Platz in meinem kostenlosen Online-Seminar sichern.

Hier erkläre ich dir die Zusammenhänge ganz genau und gebe dir eine Anleitung, mit der du dein Ziel erreichen kannst.

Hier Gratis-Platz reservieren:
https://rauchen-aufhoeren.eu/seminar

Rauchen aufhören im Überblick

Alles fing mehr oder weniger lustig an, als ich mit meinen Schulkameraden in der Ausbildung zusammen stand und mir meine erste Zigarette angeboten wurde. So oder so ähnlich sieht der Start ins Raucherleben für viele aus. Der abscheuliche Geschmack gibt einem die innere Sicherheit, dass man zu jederzeit damit aufhören könnte. Die Realität jedoch zeigt, dass tagtäglich weitere Dauerkunden dazukommen.

Es ist ohne zu übertreiben die Killerdroge Nummer eins und Lungenkrebs wird zu 90 Prozent durch Rauchen verursacht. Ich weiß, wie es ist, denn sehr oft versucht man als Raucher die Abteilung mit den möglichen Erkrankungen mit der Bemerkung abzuwerten, dass es Raucher gibt, die über 80 geworden sind und ihr ganzes Leben geraucht haben. Das stimmt auch. Allerdings trifft das lediglich auf 26 Prozent der Raucher zu (laut dem Deutschen Krebsforschungszentrum).

Die Hälfte der Todesfälle durch Tabak trifft Menschen im mittleren Alter zwischen 35 und 69 Jahren. Ich will ganz ehrlich mit dir sein, denn auch ich habe zu meinen Zeiten als Raucher von diesen Ausreden Gebrauch gemacht. Tief in mir drin hat sich das jedoch nicht gut angefühlt, denn ich wusste, dass ich russisches Roulett mit mir selber spiele. Jedes Mal wenn ich zu einer Routineuntersuchung musste, hatte ich ein mulmiges Gefühl, welches bis zu dem Tag anhielt, an dem ich die Ergebnisse erhalten habe und ich die Sicherheit hatte, dass nichts ist. Kennst du das oder hast du das auch so erlebt? Das ist so ähnlich wie, "Gott sei Dank, ich darf weiter qualmen und dafür sorgen, dass die Herrschaften von der Tabakindustrie auf meine Kosten noch reicher werden." Nicht zu vergessen das liebe Finanzamt, das von jeder Packung, die man als Raucher in Deutschland bezahlt, 75% an Steuern einstreicht.

Es gibt viele, die sagen, dass sie schon so lange rauchen und auch aufgrund des Alters denken, dass es sich möglicherweise nicht mehr lohnt, aufzuhören. Doch das tut es auf jeden Fall und das Alter beim Aufhören spielt keine Rolle, denn du bekommst eine Menge zurück und zwar weit mehr als nur Gesundheit und Geld. Das, was du zurück bekommst, ist Lebenszeit, denn du kannst durch den Entschluss, endlich Nichtraucher zu werden, an der Zeit-Schraube drehen, was natürlich davon abhängt, ob du durch das Rauchen schon körperliche Schäden davon getragen hast oder nicht.

Ich hoffe nicht, dass es bei dir so ist, aber leider schiebt man dieses Thema als Raucher sehr gerne lange vor sich her und auch Informationen, wie sie in diesem Buch zu finden sind, liegen sehr oft irgendwo auf einer Festplatte oder als Taschenbuch in einem Bücherregal, ohne Beachtung geschenkt zu bekommen. Oft werden Warnungen und Hinweise nicht als solche angesehen, sondern eher als eine Art Lotterieschein und das mit dem Hintergedanken: "Wenn ich mich entschieden habe, dann kann ich das ja machen, was da im Buch steht!" Ganz unter uns, wie lange willst du damit noch warten?

Die Zahlen und Fakten sprechen eindeutig dafür, dass warten keine gute Option ist, denn jedes Jahr sterben alleine in Deutschland zwischen 110.000 bis 140.000 Menschen an den Folgen des Tabakkonsums. Wenn du Bedenken oder sogar Angst vor Veränderungen hast, weil die geliebte Kippe in Zukunft nicht mehr da ist, dann denke doch mal darüber nach, wie oft sich in deinem Leben schon mal etwas geändert hat.

Nimm dir Zeit dafür, vielleicht bei einem langen Spaziergang an der frischen Luft. Du wirst mir bei dem Punkt sicher zustimmen, dass es im Leben ständig irgendwelche Veränderungen gibt, denen wir uns stellen müssen. Manchmal kommen Dinge, bleiben eine Weile und werden dann durch Verbesserungen ausgetauscht oder komplett gestrichen, da es sich nicht rentiert hat.

Ich habe einen Freund in Kanada, der nicht nur seine Oma, sondern auch seine Mutter aufgrund von Lungenkrebs verloren hat, als sie etwas über 50 Jahre alt waren. Die Auswirkungen von Nikotin sind brutal und gnadenlos und zum Schluss bleiben gefühlt zwei Hände voll Asche, wenn die dann irgendwo, viel zu früh, auf einem Friedhof ihre letzte Stelle einnehmen. Schluss, aus und vorbei … Stell dir vor, wie es bei dir wäre.

Deine Familie, Freunde und Verwandten müssten sich wegen der ach so geliebten Kippe viel zu früh von dir verabschieden und das für immer. Sie können sich an den Klang deiner Stimme noch erinnern, aber in Wirklichkeit bleiben nur alte Erinnerungsfotos. Ganz egal, wie deine momentane Situation ist, lass nicht zu, dass dir genau dasselbe passiert, denn dafür wurdest du nicht geboren.

Entzugserscheinungen oder Nebenwirkungen

Ein wirklich unglaublich interessantes Thema sind die Entzugserscheinungen und die Nebenwirkungen, denn wer hier seine Gedanken und somit seine Ängste unter Kontrolle hat, ist klar im Vorteil und das obwohl es den Anschein hat, dass der aus dem Volksmund bekannte Jeeper das Schlimmste sei.

Ich möchte damit nicht behaupten, dass Entzugserscheinungen und Nebenwirkungen eine reine Einbildung sind. Das sind sie auch nicht, denn sie sind so real wie die Luft zum Atmen. Allerdings finden die Existenz und das Dasein der Entzugserscheinungen und Nebenwirkungen in unseren Gedanken statt und werden im weiteren Verlauf noch verstärkt.

Es ist das Thema schlechthin, worüber man sich sehr viele Gedanken macht, bevor man überhaupt die letzte Zigarette ausgedrückt hat. Und genau das ist Verlust-Denken. In den meisten Fällen tritt es schon auf, bevor man überhaupt aufgehört hat zu rauchen. Wir denken darüber nach, weil wir uns auf die Situation vorbereiten wollen. Gedanken haben ihren Ursprung in unseren Köpfen und wir reden hier über unser aller Bordcomputer.

Es fliegen uns Menschen pro Tag im Ansatz ca. 80.000 Gedanken durch den Kopf, die dann noch einmal gefiltert werden. aber trotzdem sind es täglich dann doch noch unzählige Dinge, worüber wir uns Gedanken machen. Du kennst das Kreisen der Gedanken bestimmt auch. Egal wie lange diese Gedanken durch deinen Kopf spuken, du findest einfach keine Lösung.

Dabei kann es sich um Dinge aus der Vergangenheit handeln, mit denen wir noch nicht abgeschlossen haben oder aber um Ängste, was die Zukunft angeht. Die Zigarette füllt Zeit und wenn diese nicht mehr da ist, lässt das in unseren Gedanken eine Art Leere entstehen und genau damit können wir nicht umgehen. Panik entsteht und das Verlust-Denken ist wieder in vollem Gange. Genau das ist der Punkt, der es so schwer macht, mit dem Rauchen aufzuhören.

Bewusstsein an Zugewinn ohne Zigarette

Die leichtere und empfehlenswertere Form, um mit dem Rauchen aufzuhören und auch auf Dauer Nichtraucher zu bleiben, ist das Bewusstsein auf den Zugewinn ohne Zigarette zu lenken. Es ist keine Hexerei und hat auch nichts mit außerirdischen Kräften zu tun, wenn man seine Gedanken und somit sein Mindset auf positiven Zugewinn polt. Es ist noch nicht einmal schwer.

Jedem ist bewusst, dass wir durch das Rauchen Stoffe in unseren Körper holen, die wir nicht brauchen. Dennoch musste unser Körper lernen, damit umzugehen und war gezwungen, irgendwie damit klar zu kommen. Er hat die letzten Jahre tagtäglich alles gegeben, um die Schadstoffe abzubauen. Wenn wir über die Brücke gehen und somit die Lager vom Raucher zum Nichtraucher wechseln, dann sind wir uns absolut im Klaren darüber, dass unser Körper sich melden wird, weil er keine Schadstoffe mehr abbauen muss.

Es können Gefühle wie Hunger, Nervosität oder Gereiztheit auftreten. Diese Gefühle können mit einem neuen Mindset jedoch mit einem Lächeln wahrgenommen werden, denn der Auslöser dafür ist der Überschuss an Ressourcen, die nicht mehr benötigt werden, um diese Schadstoffe abzubauen.

Das ist aber nicht alles, denn unsere Gedanken werden als Raucher auch beeinflusst und jetzt, wo Schritt für Schritt das Nikotin aus deinem Körper abgebaut wird und spätestens nach drei Wochen auch die körperlichen Entzugserscheinungen der Vergangenheit angehören, bist du frei von alledem und kein Sklave mehr, der für die Tabakindustrie sogar seine Gesundheit aufs Spiel setzt.

Es wird vieles besser und dein Energiepegel wird steigen. Wo man anfangs nur an Gesundheit und Geld denkt, stellen sich auf einmal Dinge ein, an die man so überhaupt nicht gedacht hat.

Du solltest dich aber richtig vorbereiten, um dem Ganzen auch eine hohe Erfolgsquote zu ermöglichen. Genau dafür ist mein kostenfreies Online-Seminar da.

Hier Gratis Platz sichern!
https://rauchen-aufhoeren.eu/seminar

Ersatzhandlungen & Angst davor, Gewicht zuzunehmen

Es wird behauptet, dass man automatisch zunimmt, wenn man mit dem Rauchen aufhört. Das hält viele davon ab und ganz besonders Frauen, endlich Nichtraucher zu werden. Manche fangen sogar aus diesem Grund wieder an zu rauchen. Ich habe schon viele übergewichtige Raucher gesehen. Du sicher auch. Deshalb erst einmal als Grundregel:

Rauchen bedeutet nicht automatisch, schlank zu sein und mit dem Rauchen aufhören bedeutet nicht, dass man dann unwillkürlich an Gewicht zunimmt. Die Killerdroge Nummer eins als Diät einzusetzen ist also mehr als fragwürdig und dazu noch sehr gefährlich.

Wenn man mit dem Rauchen aufhört, verbrennt man weniger Kalorien. Dabei handelt es sich um ca. 200 Kilokalorien pro Tag. Der Stoffwechsel kommt erst einmal etwas aus der Bahn. Nikotin treibt den Stoffwechsel an und mindert den Appetit. Um den Stoffwechsel wieder anzuregen braucht jedoch niemand die Zigarette. Es gibt gesunde, natürliche Wege, um den Stoffwechsel anzuregen und zu fördern.

Es gibt also keinen Grund, Bedenken oder sogar Angst davor zu haben, dass man in der Phase der Entwöhnung oder auch danach an Gewicht zunimmt und es sollte niemals der Grund dafür sein, nicht mit dem Rauchen aufzuhören. Wenn man sich über etwas Gedanken machen sollte, dann sind es die Folgen, die durch das Rauchen entstehen.

Gelbe Zähne, der unangenehme Geruch und Husten sind nur die harmlosen Begleiterscheinungen dabei. Es gibt viele Ex-Raucher, bei denen es keine Veränderung beim Gewicht gab, aber selbst wenn, sind 2 bis 5 Kilo mehr auf den Rippen eine Bagatelle im Vergleich zum Befund "Lungenkrebs". Der Stoffwechsel normalisiert sich nach einer gewissen Zeit wieder von selbst und dann kann man die möglichen Pfunde, die man allenfalls dazu bekommen hat, auch wieder loswerden.

An dieser Stelle möchte ich das Wort kurz an alle Frauen wenden: Ihr Frauen macht euch im Durchschnitt viel mehr Gedanken darüber, ob ihr noch attraktiv genug seid, wenn ihr hier und da mal ein bisschen zugenommen habt. Außerdem gehen die meisten von euch sehr gerne mal shoppen, oder? Wieso also nicht einfach kurzfristig ein neues, schönes Outfit kaufen, falls die Gesundheit eben gerade ein paar Kilo mehr braucht? Kein Mann der Welt findet es schlimm oder unattraktiv, wenn ihr nicht immer rank und schlank seid.

Alle Figuren sind schön und außerdem seid ihr mehr, als nur eure Figur. Und wisst ihr, was das Beste ist? Küsse ohne den Geschmack nach Zigarettenqualm sind so viel besser und intensiver! Das Gewicht darf hier also wirklich nicht im Wege stehen. Und es hält euch auch niemand davon ab, später wieder zur Wohlfühlfigur zurückzukehren, falls ihr diese überhaupt verloren habt. Es gibt durchaus gute Möglichkeiten, um in der Zeit der Raucherentwöhnung sein Gewicht zu halten und diese beginnen damit, den Stoffwechsel anstelle von Nikotin mit folgenden Lebensmitteln in Gang zu halten.

- **Kaffee:** Der Appetit wird gebremst und die Energieverbrennung sowie der Stoffwechsel werden angeregt. Ohne Zucker und Milch ist Kaffee auch noch sehr kalorienarm.

- **Grüner Tee:** Der Blutzuckerspiegel wird durch die enthaltenen Antioxidantien im grünen Tee gesenkt und gleichzeitig regt dieser den Stoffwechsel an und das am besten in der entkoffeinierten Variante.

- **Äpfel:** Der Apfel ist ein vitaminreicher Alleskönner, der Säuren im Körper neutralisiert. Am besten genießt ihr ihn frisch (mit Schale) oder in getrockneter Form.

- **Avocado:** Durch die enthaltenen Ballaststoffe in Avocados wird der Cholesterinspiegel gesenkt. Zudem enthalten Avocados empfehlenswerte und gesunde Fette, Mineralstoffe und Proteine.

- **Blaubeeren:** Zubereitet als Kaltschale sind Blaubeeren sehr kalorienarm und enthalten viele gesunde Pflanzenstoffe.

- **Kokosöl:** Kokosöl ist ein gesunder Helfer, um den Stoffwechsel anzuregen. Es liefert dem Körper Energie und das in Form von mittelkettigen Triglyceriden. Das sind besondere Fette, die in Ketone umgewandelt werden und somit nicht auf den Hüften landen.

- **Mandeln:** Ein gesunder Snack mit wertvollen Fetten. Mandeln bilden keine Säuren, was super ist, um gut durch ein eventuelles Tagestief zu kommen.

- **Lachs:** Lachs ist sehr gut für das Herz-Kreislauf-System, welches durch die Omega-3 Fettsäuren im Lachs unterstützt wird. Außerdem wirkt Omega 3 entzündungshemmend.

- **Linsen:** Sie sind reich an Proteinen, senken den Cholesterinspiegel und machen lange satt - und das schon nach kleinen Mengen.

- **Zimt:** Zimt im Getränk mit Honig regt den Stoffwechsel an senkt den Blutzuckerspiegel. Das wiederum sorgt dafür, dass Insulin in unserem Körper besser wirken kann, was eine Voraussetzung ist, um Fett verlieren zu können.

Das alles in Verbindung mit einer ausgewogenen Ernährung (am besten mit viel Gemüse) bringt dich gar nicht erst in die Lage, zuzunehmen. Und wenn doch, kannst du die zusätzlichen Pfunde kurze Zeit später so ganz einfach wieder purzeln lassen.

Vergiss dabei nicht, ausreichend Wasser zu trinken (1.5 - 2 Liter pro Tag) und dich auch oft an der frischen Luft zu bewegen. Du musst kein Supersportler werden. Es geht einfach nur darum, deinen Körper mit Respekt zu behandeln und ihm das zu geben, war er braucht.

Wichtig ist auch, dass du dir trotzdem Pausen gönnst. Nur weil du nicht mehr rauchst, heißt das nicht, dass du keine Pausen mehr machen sollst. Ich fordere dich sogar dazu auf, Pausen zu machen!

Dein Geist und deine Seele danken es dir, wenn du dir ab und zu mal einen ruhigen Platz suchst, das Smartphone auf lautlos stellst und ein bisschen Zeit für dich hast. So hast du schlussendlich viel mehr Stress abgebaut, als wenn du eine Zigarette geraucht hättest und kommst danach viel besser durch den Rest des Tages.

Rauchen aufhören - Die Hilfsmittel

Als Hilfsmittel zur Raucherentwöhnung steht uns so einiges zur Verfügung und genau darauf möchte ich in diesem Kapitel näher eingehen. Was also kannst du tun, um anfängliche Nebenerscheinungen zu lindern oder das Weglassen der Zigarette zu erleichtern?

Ich selbst habe Sprays, Kaugummis und Pflaster in der Zeit ausprobiert, als ich versucht habe, mit dem Rauchen aufzuhören. Das Spray oder auch der Nikotinkaugummi kamen bei mir meistens nach dem Essen zum Einsatz, weil man es sich als Raucher angewöhnt hat, eine Zigarette nach dem Essen zu rauchen. Über den Geschmack lässt es sich mit Sicherheit streiten und der Volksmund sagt immer wieder, dass Medizin helfen und nicht schmecken muss. Wenn man das also als eine Art Medizin sieht, dann empfehle ich, das Spray und die Kaugummis wegzulassen.

Es gibt da nämlich eine Sache, die man erst einmal lernen muss, wenn man aufhört zu rauchen: Das leckere Essen und die Atmosphäre zu genießen und sich auch wirklich Zeit für den Moment zu lassen, ohne sich dem Stress auszusetzen, sofort und ständig Ausschau nach dem Platz zu halten, an dem man die berühmte Zigarette danach rauchen kann.

Das Spray als Ersatz für die Zigarette nach dem Essen aber auch zu anderen Tageszeiten gab zumindest mir ein sehr merkwürdiges Gefühl im Rachen und der Geschmack ließ mich eher das Essen davor vergessen anstatt der Zigarette. Der Nikotinkaugummi brauchte da etwas länger aber nach einigen Minuten hatte ich auch hier einen Geschmack im Mund, der mich beschließen ließ, es auch ohne diese Kaugummis zu schaffen.

Wenn man der Meinung ist, es nicht sofort ohne Nikotin zu schaffen, dann wäre da noch das Pflaster. Beim Pflaster nimmt man das Nikotin über die Hautporen auf. Es gibt verschiedene Stärken davon (je nach Zigarettenkonsum, den man als Raucher hatte). Dieses Pflaster habe ich mir jeweils morgens nach dem Waschen auf den Oberarm geklebt.

Es gibt beim Einsatz von diesen Hilfsmitteln auch Nebenwirkungen und das liegt zum Teil auch daran, dass diese mit chemischen Zusatzstoffen versehen sind, die Kopfschmerzen, Übelkeit und Erbrechen auslösen können. An dieser Stelle muss sich jeder die Frage stellen, was er eigentlich will. Das Rauchen aufgeben, um sich besser und gesünder zu fühlen und das mit Hilfsmitteln, die zum Teil durch chemische Inhaltsstoffe sehr fragwürdig und ganz sicher auch nicht gesund sind?! Das ist eine Entscheidung, die jeder für sich selber treffen muss. Ich für meinen Teil kann diesen Weg nicht empfehlen und rate deshalb davon ab.

Nebst den oben schon erwähnten Hilfsmitteln gibt es auch noch andere "Auswege", die sich Raucher auf ihrem Weg zum Nichtraucher suchen. Viele Raucher steigen von der Zigarette auf die E-Zigarette (auch Dampfer genannt) um. Der Grund für den Umstieg ist, dass die E-Zigarette anscheinend nicht so viele Schadstoffe enthält wie die herkömmliche Zigarette. Außerdem gibt es die verschiedensten Ausführungen und Geschmacksrichtungen bei E-Zigaretten.

Die Inhaltsstoffe bestehen unter anderem aus einem Gemisch von folgenden chemischen Stoffen: Propylenglykol und Glyzerin, verschiedene Aromastoffe und häufig auch Nikotin. Ich will an dieser Stelle wirklich niemanden den Spaß verderben, aber diese Inhaltsstoffe hören sich nicht wirklich nach Gesundheit an und niemand würde nach dem Wechsel zur E-Zigarette stolz sagen: "Ab jetzt lebe ich gesünder und werde mein Leben ändern, um das Risiko auf Lungenkrebs zu minimieren."

Wir wollen immer eine Lösung und am besten steht diese bei Google zum Downloaden bereit. Diese Lösung soll uns bitte alle Hürden und Schwierigkeiten, die da auf dem Weg zum Nichtraucher auftreten könnten, nehmen. Ich will ganz ehrlich mit dir sein, denn das ist Wunschdenken und existiert nicht. Ja, die Hilfsmittel sind mit Stoffen versehen, die dir möglicherweise beim Entzug helfen könnten - aber sie haben auch Nebenwirkungen und enthalten Stoffe, die ich dir nicht empfehlen will und kann.

Erfolg besteht aus kämpfen und niemand, der sich heute als Nichtraucher bezeichnen kann - oder auch Menschen, die auf einer anderen Ebene erfolgreich sind -, haben dafür irgendwelche Hilfsmittel benutzt, um möglichen Schwierigkeiten aus dem Weg zu gehen. Sie haben Wege gefunden, um selber besser zu werden, um das lohnenswerte Ziel zu erreichen.

Wenn man überhaupt ein Hilfsmittel erwähnen will, welches hilft und dabei auch noch gesund für Körper und Geist ist, dann ist es ein gesundes Mindset und eine positiver Einstellung. Damit lassen sich Berge versetzen, egal in welcher Lebenslage man sich gerade befindet. Ich habe an dieser Stelle etwas sehr deutliches erkannt und so zu mindestens für mich einen Entschluss getroffen: …

Der Tag, an dem wir (ich möchte nicht von Fehlern reden) zur falschen Zeit am falschen Ort waren oder vielleicht sogar mit den falschen Personen, als wir die erste Zigarette probiert und somit diesen Teufelskreis der Tabakindustrie betreten haben, fiel es uns trotz Husten und anderen Nebenerscheinungen nicht schwer, ohne Hilfsmittel weiter zu machen. Wir haben alle von unserem Körper verlangt, dass er das geduldig mitmacht und erträgt und das obwohl dieser uns durch deutliche Zeichen verständlich gemacht hat, dass er das nicht will und auch nicht braucht.

Jetzt erwartet man im Gegenzug beim Aufhören auf ein Hilfsmittel zu treffen, welches einem diese möglichen Schwierigkeiten abnimmt. Wäre es deinem Körper gegenüber nicht fair, dieselbe Zeit zu ertragen, so wie dieser das auch für dich gemacht hat? Dein Vorteil zum einen dabei ist, dass du nicht so lange brauchst, um die möglichen Schwierigkeiten zu überstehen und zum zweiten kannst du von mir lernen, wie du deine Gedanken und somit deine Zentrale so programmierst, dass deine körperliche Abhängigkeit mehr in den Hintergrund rückt und dir dann nur noch als Nebensächlichkeit erscheint.

Ich möchte dir zeigen, wie ich es geschafft habe, vom ersten Tag an mit einem Gefühl der Befreiung und Glück eine neue Lebensebene zu betreten. Diese Zeit und die Erkenntnis dahinter haben mich dazu gebracht, etwas zu sehen, das leider den meisten Rauchern verborgen bleibt und auch den Leuten, die nach Hilfsmitteln suchen, um die Sucht zu besiegen.

Sichere dir deinen Platz in meinem Gratis Online-Seminar unter folgendem Link: https://rauchen-aufhoeren.eu/seminar

Antidepressiva oder Champix

Den größten Teil dieses Buches habe ich ganz speziell auf das ausgelegt, wofür die Menschen sich interessieren und was sie bewegt, wenn es darum geht, mit dem Rauchen aufzuhören. Ein großes Thema und viele Fragen bewegen sich in Richtung Bedenken, Zweifel oder sogar Angst vor dem was kommt. Angst, gewisse Situationen nicht überstehen zu können, ein Gefühl, das einen inneren Druck und eine innere Unruhe auslöst und zum Teil sogar Panik erzeugt.

Das ist nicht nur bei diesem speziellen Thema hier der Fall, denn man kann es auch in ganz vielen anderen Bereichen beobachten. Dazu kommt, dass wir heute durch unser Smartphone ständig mit der digitalen Welt verbunden sind und es für alles eine passende App gibt. Ständig begegnen wir Negativität, über die diskutiert wird und die Medien tun ihr Übriges, um die Menschen zu verunsichern und zu verängstigen.

Das ist ein Grund dafür, warum ich mir schon lange keine Nachrichten mehr ansehe. Ich persönlich fand die Zeit am schönsten, in der ich beruflich noch jede Woche quer durch Europa unterwegs war und frühestens nach drei Wochen den Heimathafen in Deutschland und somit mein Zuhause wieder ansteuerte.

In dieser Zeit ist vieles an mir vorbeigegangen, denn wenn ich in Frankreich, Spanien, Italien oder Norwegen und anderen Ländern unterwegs war, hörte ich Radio in der jeweiligen Landessprache, die ich jedoch nur im Ansatz verstand. Mir war es immer wichtig, dass ich einfache Sätze in der jeweiligen Sprache sagen konnte, um mir z.B. etwas zu essen zu bestellen, Guten Tag, Auf Wiedersehen, Bitte und Danke zu sagen.

Was ist dadurch anders gelaufen? Nichts! Hatte ich dadurch einen Nachteil? Nein, eher das Gegenteil, denn all diese Aufregungen habe ich nicht mitbekommen. Wusstest du eigentlich, dass die meisten Krankheiten einen psychischen Ursprung haben und diese meistens über mehrere Jahre durch Angst ausgelöst werden? Der Körper reagiert darauf und schickt auch Signale, aber wenn man darauf nicht hört oder diese nicht wahrhaben will, dann endet das oft mit einer schwerwiegenden Krankheit.

Die Ängste, die dadurch entstehen, dass sich Menschen darüber Gedanken machen, dass sie gewisse Situationen nicht überstehen könnten, verschafft Unsicherheit und löst Angst aus und daraus entstehen Depressionen, die dann mit Medikamente behandelt werden. Der Auslöser für die negativen Gedanken, die letzten Endes krank machen, ist die Ursache davon, dass uns negative Gedanken viel zu sehr beschäftigen und wir dem viel zu viel Aufmerksamkeit schenken.

Teilweise liegen wir dadurch auch nachts wach, wodurch sogar Schlafstörungen entstehen. Die Dinge, die uns so tief in unseren Gedanken fesseln und beschäftigen liegen entweder in der Vergangenheit, weil man nicht in der Lage ist, mit gewissen Situationen abzuschließen oder aber uns beschäftigen mögliche Situationen, die eventuell in der Zukunft auftreten könnten. Es ist aber sehr oft der Fall, dass die Dinge anders kommen, als man denkt oder erst gar nicht entstehen und somit aller Gedankenzirkus völlig umsonst war. Es ist natürlich wichtig, nach vorne zu sehen und zu planen, aber man sollte sich nicht verrückt machen oder machen lassen.

Für alles gibt es angeblich ein Mittel oder Hilfsmittel. Wer daraus einen Nutzen zieht ist jedoch nur die Pharmaindustrie. Die Menschen, die diese Mittel kaufen und nehmen, bezahlen mit ihrem eigenen Geld und zum Schluss mit ihrer Gesundheit, denn der Beipackzettel mit den möglichen Nebenwirkungen ist meistens ausgesprochen lang. Die bessere Lösung wäre, zu lernen, mit seinen Gedanken umzugehen, die negativen davon zu filtern und so gewisse Dinge gar nicht erst an sich heran zu lassen. Dadurch erfährt man viel mehr Ruhe und ein ausgeglichenes und gesundes Leben. So ist man schlussendlich auch in der Lage, sich auf die Zeit des Nicht-Mehr-Rauchens zu freuen. Bitte suche keine Hilfe in Form von Medikamenten, die dir zusätzliche gesundheitliche und psychische Erkrankungen einbringen könnten. Folge mir als der nächste Nichtraucher, indem du deine Gedankenwelt unter Kontrolle bekommst und somit positiv in die Zukunft sehen kannst - und das mit einer inneren Ruhe und Ausgeglichenheit.

Kommunikation Nichtraucher und Raucher

Die Kommunikation zwischen Nichtraucher und Raucher ist eine ganz besondere Mischung. Hier treffen Mitleid über Unverständnis, auf wüste Beschimpfungen bis hin zu persönlichen Angriffen. Deshalb wird die Kommunikation zwischen Nichtraucher und Raucher auch auf Dauer zum scheitern verurteilt sein.

Bei mir ist es heute so, dass ich beide Seiten sehr gut verstehen kann, aber es ist schwer, mich für eine dieser Parteien zu entscheiden, obwohl das Ziel des Nichtrauchers mit Abstand eines der größten ist, welches ich je erreicht habe. Es gab Zeiten, da war ich genauso sauer wie manche Raucher, wenn sich ein Nichtraucher über die Zweckmäßigkeit des Rauchens auslieẞ.

Heute erwische ich mich selber dabei (man möge es mir verzeihen), wie ich beim Zuhören solcher Gespräche über die Meinung des Nichtrauchers innerlich schmunzle. Ich stelle mir in solchen Augenblicken immer als Vergleich vor, was das wohl für ein Gelächter auslösen würde, wenn ich als Mann versuchen würde, einer Frau zu erklären, wie es ist, ein Kind zur Welt zu bringen.

Warum ich das ins Lächerliche ziehe? Ein Grund dafür ist, dass du dir darüber keine Gedanken machen solltest, wenn du Kommentare in dieser Richtung hörst. Lächle darüber, dreh dich um und stell dir etwas lustiges vor, um dem keine Bedeutung zu schenken. Natürlich ist es nicht schön, wenn man andere mit seinem Zigarettenqualm belästigt, denn es nervt mich persönlich auch, wenn ein Raucher in den Bus steigt und kurz vor dem Besteigen des Busses noch einen letzten Zug an der Zigarette macht, um den Qualm dann im Bus aus zu pusten.

Das ist dann auch meiner Meinung nach sehr grenzwertig und eckt mit Sicherheit auch an. Es ist aber sehr oft bei ehemaligen Rauchern so, dass sie mit dem Rauchstopp auch ihre Meinung ändern und ihre ehemaligen Kollegen (Raucher) wüst beschimpfen, um so ihr Vorhaben noch zu untermalen und sich selber in ihrem Rauchstopp und ihrer Motivation zu bestärken.

Vorsicht, kann ich da nur sagen, denn was, wenn der Versuch, mit dem Rauchen aufzuhören scheitert und man dann wieder derselben Person begegnet. Ups...könnte etwas peinlich sein.

Gegenseitiger Respekt sollte eine Grundlage sein und kein Privileg, was nur einigen auserwählten zusteht. Die wenigsten Nichtraucher werden jemals verstehen können, warum ein Raucher überhaupt raucht, wo der Raucher doch weiß, dass rauchen gefährlich ist. Wie denn auch, wenn nicht einmal ein Raucher diese Frage selbst so richtig beantworten kann, da der eigentliche anfängliche Spaß zum Zwang geworden ist?

Du kannst aber zumindestens in Zukunft als Nichtraucher sagen, dass du beide Seiten kennst und vielleicht fällt dir ja noch eine bessere Erklärung ein, die man hier ergänzen könnte. Lass' es mich gerne wissen, wenn dir was einfällt!

Schreibe mir dazu gerne eine E Mail an
info@rauchen-aufhoeren.eu

Anzeichen von Nikotinentzug

Die meisten Menschen beschäftigen sich mit Abstand am meisten mit dem Thema "Anzeichen von Nikotinentzug". Sie wollen wissen, wie schlimm die ganze Sache wird, was auf sie zukommt und wie lange das alles anhält.

Die Anzeichen von Nikotinentzug sind jedoch zum einen sehr unterschiedlich und treffen auch nicht auf jeden zu, der sich das Rauchen abgewöhnen will. Bei manchen machen sich nur leichte Anzeichen bemerkbar und andere bekommen das volle Programm ab. Aber auch hier bin ich der Meinung, dass das sehr viel mit der Einstellung zu tun hat.

Eine Sache, die man sofort mehr zur Verfügung hat, wenn man mit dem Rauchen aufhört, ist Zeit. Das ist eigentlich etwas Positives. Wenn man diese Zeit jedoch dazu nutzt, um Grübeleien in Gang zu setzen, dann können die Anzeichen von Nikotinentzug durch diese Einstellung verschlimmert und angeheizt werden.

Die Anzeichen an sich sind etappenweise Nervosität oder Gereiztheit. Vielleicht ist man auch etwas hibbelig, was einen aber viel aufmerksamer macht und die Konzentration fördert. Für mich persönlich stellte sich letzterer Punkt sogar als Vorteil heraus und ich war sogar etwas enttäuscht, dass es bei mir so schnell nachgelassen hat.

Viele Leute gehen in die Apotheke und geben Geld dafür aus, um genau diesen Zustand zu erreichen, um fitter und wacher im Gehirn zu sein. Du bekommst das (vielleicht) ganz umsonst als Nebeneffekt. Allerdings begleitet dich dieser Zustand nicht ewig, sondern nur eine Zeit lang. Aber das ist eine sehr spannende Erfahrung. Was ich dir damit sagen will, ist, dass du dich auf diese Zeit freuen solltest und echt gespannt sein darfst, was da mit deinem Körper alles so passiert.

Dein Körper darf sich neu orientieren und spüren, denn zum einen nimmst du nicht mehr die ganzen Gifte auf, die deinen Körper träge machen und zum anderen braucht der Körper viel weniger Zeit, um sich zu erholen.

Ich kann mich noch sehr gut an diese Zeit erinnern und manchmal dachte ich selber, dass mir irgendjemand etwas ins Essen getan hat, da meine Leistungskurve auf einmal viel höher hinaus ging und auch länger anhielt. Es dauerte auf einmal viel länger, bis ich wieder eine Pause brauchte.

Wenn ich ganz ehrlich sein soll, beneide ich dich sogar ein wenig dafür, dass du diese Zeit noch vor dir hast, denn ich hätte diesen Zustand gerne noch einmal und am besten für immer. Freue dich auf diese Zeit und alles was da kommt. Wenn du dir keine großen Gedanken darüber machst und die gewonnene Zeit sinnvoll ausfüllst, dann wird diese Zeit sehr schnell vorbei sein, was bei mir nach drei Wochen der Fall war.

Nikotinentzug Schlafstörungen

Wie schön und kuschelig es doch im eigenen Bett ist. Laut Statistik sind es doch tatsächlich 24 Jahre und vier Monate, die der Deutsche an Zeit innerhalb seines Lebens mit Schlafen verbringt. Wie bitte kann es denn sein, dass man bei dieser Lieblingsbeschäftigung dann auch noch gestört wird und das nur, weil man die Kippen weggelassen hat? Jetzt ist auch wichtig zu wissen, was man als Schlafstörung bezeichnet. Wenn man mitten in der Nacht wach wird und an die blöde Zigarette denken muss, dann wäre das definitiv eine Schlafstörung.

Mir selbst passierte es immer wieder, dass ich früher wach geworden bin. Das aber lag daran, dass sich mein Körper schon früher erholt hat und somit weniger Schlaf brauchte, seit ich mit dem Rauchen aufgehört habe. Ich bin fest davon überzeugt, dass hier die persönliche Einstellung eine große Rolle spielt. Wenn man alles nur noch als schrecklich ansieht und diese ganzen Veränderungen einem Angst machen, schleichen sich auf einmal utopische Vorstellungen in den Verstand ein, in denen man alle möglichen Präparate der Apotheken studiert, um es irgendwie erträglicher zu machen.

Ich empfehle dir wirklich aus tiefster Überzeugung, das was da auf dich zukommt mit einem Lächeln anzunehmen und es bewusst zu erleben. Es ist dein Körper, der sich zurück ins Leben holt und alles wird ein wenig wacher. Behandle deine Gedanken als etwas Positives und lenke sie auf Positivität. Das macht alles viel einfacher, angenehmer, leichter und spannender.

Wie du merkst, geht es in diesem Buch sehr viel um die eigenen Gedanken und somit ums Mindset. Das liegt daran, dass genau da die Zentrale unseres "Computers" liegt. Mit dieser Zentrale können wir alles steuern und uns das Leben leicht oder eben schwer machen. Du selbst entscheidest, ob du den leichten oder den schweren Weg gehen willst. Du alleine hast es in der Hand.

Du entscheidest, ob du dich darüber aufregst, wenn du plötzlich eine Stunde früher aufwachst, oder ob du dich über die neu gewonnene Stunde am Tag freust und sie nutzt, um dir etwas Gutes zu tun, indem du z.B. die morgendliche Ruhe draussen in der Natur mit einem guten Buch nutzt. Es ist aber auch hier wichtig, sich nicht verrückt zu machen, denn man kann seinen Kopf schon zu Beginn sofort auf diese Probleme programmieren, indem man sich gedanklichen Stress macht.

Dann wird es mit Sicherheit auch so kommen. Wenn du doch etwas Hilfe brauchst, gibt es auch geeignete Hausmittel wie zum Beispiel Rooibos-Tee, der eine sehr beruhigende Wirkung hat. Diesen Tee gibt es mit und ohne Koffein. Spazieren gehen und frische Luft oder richtig joggen und sich auspowern sind auch sehr gute und gesunde Massnahmen, um dich zu beruhigen. Außerdem gewinnst du dadurch ein hervorragendes Körpergefühl und tust deiner Figur was Gutes.

Eine weitere Möglichkeit, um diese innere Ruhe einkehren zu lassen, ist Meditation. Manche halten es für Spinnerei, aber ich empfehle dir von Herzen, dich auf jeden Fall einmal damit zu beschäftigen. Im Kern geht es beim meditieren darum, sich auf seinen eigenen Atem zu konzentrieren und Ruhe zu finden. Einfach mal wieder im Jetzt ankommen.

Der positive Effekt dabei ist, dass Dinge, worüber man sich vorher Sorgen und viele unnötige Gedanken gemacht hat, aus dem Kopf verschwinden. Wir sind als Menschen mit unserem Gehirn nicht in der Lage an zwei Dinge gleichzeitig zu denken und somit besteht beim meditieren die Möglichkeit, eine innere Ruhe zu erreichen und negative Gedanken loszulassen.

Der beste Zeitpunkt, um mit dem Rauchen aufzuhören

Die richtige Wahl des Zeitpunktes entscheidet darüber, wie schwer oder leicht dir der Prozess fallen wird und obwohl es schwer ist, im Allgemeinen da jetzt DEN Tipp schlechthin zu liefern, möchte ich dir trotzdem die Dinge mitgeben, die auf jeden Fall wichtig sind.

Das Entscheidende ist, dass du tief in deinem Inneren mit einem lachenden Herzen und aus tiefer Überzeugung und das ohne Angst zu haben "JA" sagst zu deinem Entschluss. Es bringt hier nichts, auf halbe Sachen zu setzen oder den bekannten Spruch "Ich versuche es mal" zu sagen, denn das ist halbherzig und für die Umsetzung nicht zu empfehlen. Wenn du noch nicht aus vollem Herzen und kompletter Überzeugung "JA" sagen kannst, empfehle ich dir, noch etwas Zeit mit der Vorbereitung zu verbringen.

Ich kann mich noch gut daran erinnern, dass ich immer auf den geeigneten, stressfreien Zeitraum gewartet habe, um mit dem Rauchen aufzuhören. Warten ist nicht die beste Idee, denn der perfekte Moment kommt nie. Ich kann dir nur empfehlen, dir den Moment zu nehmen und ihn einfach perfekt zu machen. Natürlich ist es nicht sinnvoll in einer mega stressigen Phase durch diesen Prozess zu gehen.

Wenn du also z.B. mitten im Prüfungsstress steckst, hast du wahrscheinlich nicht den gleichen Durchhaltewillen, wie in ruhigeren Zeiten. Mache es dann, wenn es passt. Aber nutze nicht jede Situation als Ausrede, um nie zu beginnen. Stressige Phasen sind absehbar. Wenn diese Phase also vorbei ist, ist es Zeit, zu starten. Es gibt auch Leute, die gerne den Start in den Urlaub legen, da genau hier der Stresspegel gegen Null geht.

Eine einfache und genaue Anleitung, um endlich rauchfrei zu werden, bekommst du von mir und ich lade dich hiermit also herzlich zu meinem kostenlosen Online-Seminar ein. Hier geht es direkt zur Anmeldung:
https://rauchen-aufhoeren.eu/seminar

Kann ich als Gelegenheitsraucher gesünder leben?

Das Konzept des Gelegenheitsrauchers ist ein Gedankenmuster, das einigen Rauchern, ob nun als Lösung oder Ausweg, durch den Kopf geht. Hier läuft man ganz schnell Gefahr, sich auf eine Fährte zu begeben, die einen zurück in die alten Gewohnheiten treibt. Früher habe auch ich gedacht, dass ich automatisch gesünder lebe, wenn ich weniger rauche. Das ist aber ein Trugschluss, denn auch fünf Zigaretten pro Tag sind schädlich und da gibt es auch nichts schön zu reden.

Ich möchte mich hier nicht von diesen Gedanken freisprechen, denn auch ich hatte sie. Diese Gedankengänge helfen uns, das schlechte Gewissen zu drosseln und man fühlt sich besser. Allerdings lügen wir uns damit nur selbst an und kommen schnell vom Weg ab. Deshalb sehe ich es als meine Pflicht an, dich vor diesen Gedanken zu warnen.

Da du bis zu dieser Stelle in diesem Buch gelesen hast, gehe ich mal davon aus, dass du auch einen ernsthaften Gedanken daran hegst, dein Raucher Dasein an den Nagel zu hängen. Der Anfang dieses Weges kann man gut mit dem Betreten eines fremden Gebäudes vergleichen. Man öffnet die Tür und trotz all der guten Ratschläge und Hinweise muss man irgendwie seinen eigenen Weg finden und alles für sich selber erkunden, was sich da hinter der Tür verbirgt. Jetzt ist es aber sehr entscheidend, wie man dieses Gebäude betritt. Ist es zielstrebig mit einem klaren Gedanken, weil man sein Ziel schon ganz klar vor Augen hat oder ist es eher verhalten und mit den Worten "Ich werde es mal probieren und wenn alles schief geht, dann versuche ich, Gelegenheitsraucher zu werden.", untermauert?

Bei solchen oder ähnlichen Gedanken hat man beim Betreten eines Raumes immer noch das Bein im Türrahmen, um jederzeit wieder zurückgehen zu können, weil man es ja nur versuchen will und die Gedanken zum Gelegenheitsraucher sind gefährliche Seitentüren, die sich auf dem Weg über einen Flur zum gewünschten Ziel befinden. Ich würde niemals jemanden als bequem, faul oder sogar schwach bezeichnen, aber wir Menschen haben die Eigenschaft, immer den Weg des geringsten Widerstandes zu gehen.

Das ist im Grundsatz weder verwerflich noch etwas Schlechtes. In diesem Fall hier bringt dich dieses Verhalten nur leider nicht an das gewünschte Ziel. Mit dem Vorsatz, es als Gelegenheitsraucher zu versuchen, wenn es zum Beispiel auf dem Weg etwas schwieriger wird, ist ein Vorhaben, was nicht funktionieren wird und selbst dann nicht, wenn es anfangs so scheint. Es ist durchaus möglich, dass du es schaffst, zwei oder sogar drei Wochen lang nur 5 oder sogar nur drei Zigaretten pro Tag zu rauchen - aber auf Dauer funktioniert das nicht.

Man kann nicht ein bisschen Nichtraucher oder Raucher sein, denn dein Monster im Kopf (Suchtgedächtnis) lässt sich nicht auf längere Sicht austricksen und das wirst du spätestens dann merken, wenn du die gewohnte Menge an Zigaretten pro Tag wieder erreicht hast.

Ich empfehle dir, ohne Druck an deiner Vorbereitung zu arbeiten und auch wenn es anfangs nur in deinem Kopf ist. Bei unseren Gedanken fängt alles an. Du signalisierst deinem Unterbewusstsein mit deinen Gedanken, dass du einen anderen Weg einschlagen willst. Wenn du dann soweit bist, dann gehe erhobenen Hauptes in dieses (noch) fremde Gebäude und schließe die Tür hinter dir fest zu.

Dann konzentrierst du dich auf die Tür am anderen Ende und gehst, ohne dich umzudrehen, Schritt für Schritt deinen Weg. Die Türen links und rechts, auf denen zu lesen steht: "Komm', nur eine einzige Zigarette!" oder "Hier wirst du Gelegenheitsraucher!", sind Fallen der Tabakindustrie, um dich von deinem Weg abzubringen.

Diese Türen erscheinen uns als verlockend, aber Vorsicht: Der Schein trügt! Es besteht sehr viel Interesse, dich als Kunde der Tabakindustrie zu behalten und die wissen genau, dass dich dieser Fehler zumindestens einige Zeit in deinem Vorhaben zurückwerfen wird oder sogar komplett zum Aufgeben bringt, da viele einen weiteren Versuch aus Angst zu scheitern beim nächsten Mal einfach unterlassen und Raucher bleiben.

Ich schaffe es nicht, mit dem Rauchen aufzuhören

An der Kante eines Abgrunds zu stehen oder sich sogar im freien Fall zu befinden, beschreibt dieses Gefühl am besten. Warum ich das weiss? Nein, nicht von anderen Menschen und somit vom Hörensagen. Ich habe es selber erlebt und dachte wirklich zu dieser Zeit, dass ich bis an mein Lebensende rauchen müßte. Solche Gedanken sind alles andere als hilfreich.

Sie sind bei mir aus der Situation heraus entstanden, als mal wieder einer meiner Versuche, mit dem Rauchen aufzuhören, kläglich gescheitert ist und ich mir sogar nachts viele Gedanken darüber gemacht habe, so dass genau dieser Satz über meine Lippen ging und das sogar mehrmals: "Ich schaffe es nicht, mit dem Rauchen aufzuhören."

Wenn dir das selbe auch schon einmal passiert ist, dann willst du auf der einen Seite eine Antwort darauf und gleichzeitig eine Lösung, um aus diesem tiefen Loch wieder raus zu kommen. Dies kann ich dir geben - aber das ist nichts für schwache Nerven! Wenn du also nicht dafür bereit bist oder gerade einen bescheidenen Tag hast, um es nett auszudrücken, dann überspringe besser dieses Kapitel und gehe erst zum nächsten.

Ok, du willst es also!

Als erstes möchte ich dir etwas deutlich machen:

Wenn du dich schon einmal an diesem Punkt befunden hast, hast du zwei Möglichkeiten. Der Unterschied dabei ist so extrem wie schwarz und weiß, Tag und Nacht, Liebe oder Haß, leben oder sterben und es gibt kein Dazwischen oder etwas, um es angenehmer zu machen. Punkt, aus und Ende. Das ist die knallharte Bedingung. Diese Bedingung kommt nicht von mir oder irgendeinem Professor. Diese Bedingung schreibt uns das Leben selbst vor und es gibt kein Verhandeln. Die einzige Wahl, die du hast, ist, zu wählen, welchen von diesen zwei Wegen du gehen willst.

Der eine Weg, den ich nicht empfehle, ist, dich von deinen Ängsten lenken und leiten zu lassen. Das ist der Vorbote für Depressionen und andere mögliche schwerwiegende, psychische Krankheiten.

Hast du schon einmal jemanden gesehen, der psychisch bedingt einen Heulkrampf hatte, weil er/sie selber nicht mehr unterscheiden konnte, was das eigentliche Problem ist? Depressionen, entstanden aus der Angst heraus, mit gewissen Phasen bei der Rauchentwöhnung nicht klar zu kommen. Zum Schluss pumpt man sich mit irgendwelchen Medikamenten voll, um diese Ängste wenigstens für ein paar Stunden zu vergessen und in der anderen Hand hält man die Kippe, um dafür zu sorgen, dass die Tabakindustrie auch noch den letzten Wind aus diesem kleinen Leben holt. Es ist erschreckend und brutal zu sehen, wie Menschen mit der Diagnose Lungenkrebs im Endstadium in einer kleinen Abteilung darauf warten, endlich den letzten Atemzug zu machen, um für immer die Augen zu schließen und das trifft jedes Jahr 110.000 bis 140.000 Menschen alleine in Deutschland.

Wenn du dich selber davon überzeugen willst, dann fahre ins Krankenhaus oder ein Hospiz und spreche mit diesen Menschen. Ich empfehle dir sogar, dies zu tun, um für dich selber rauszufinden, wie es wirklich ist. Frage sie, wie es ist, zu wissen, dass man den letzten Platz eingenommen hat und vergiss nicht zu fragen, was sie an deiner Stelle tun würden, wenn sie noch wie du, die Wahl hätten, das Ruder rumzureißen.

Sehe dir diese Leute an, die selbst in dieser Situation immer noch an dieser verdammten Zigarette hängen. Du solltest dir darüber bewusst sein, dass du auch einer von diesen Menschen sein könntest, wenn du diesen Weg weitergehst. Die Angst hat sie davon abgehalten, mit dem Rauchen aufzuhören, weil sie glaubten mit gewissen Situationen nicht zurecht zu kommen oder diese nicht zu überstehen oder sie haben alle Warnungen ignoriert und gehören zu den Rauchern, die davon überzeugt waren, dass ihnen schon nichts passieren wird.

Wo kommen diese Ängste in unseren Gedanken her und was ist der Ursprung? Wir versuchen durch die Kraft des Denkens all unsere Probleme zu lösen und geraten dabei in einen Teufelskreis aus negativen Gedanken, die uns kontrollieren statt dass wir sie kontrollieren. Die Kontrolle über unser Denken übernimmt das Zweifeln in uns und daraus entsteht Angst.

Diese negativen Gedanken drehen sich permanent im Kreis und werden von Stunde zu Stunde schlimmer und das ohne eine Antwort zu bekommen. Wenn du das zulässt, dann begibst du dich in eine Spirale und diese kennt nur eine Richtung: Bergab. Letztlich gibt man sich selbst und sein Ziel, Nichtraucher zu werden, auf.

Es ist als Basis sehr wichtig, dass man es schafft, seine Gedanken unter Kontrolle zu haben oder zu bekommen und das, bevor man auch nur einen einzigen Gedanken daran verliert, wie man die erste Zeit ohne Zigarette übersteht.

Hier ist der zweite Weg und die Lösung:

Der zweite Weg und somit die andere Möglichkeit, die man hat, ist der Grund, warum ich heute schon über 10 Jahre Nichtraucher bin und das ohne diesen Gedankenzirkus, ständig zwanghaft an die Zigarette denken zu müssen.

Ein Flugzeug gewinnt mit Gegenwind am besten an Höhe und kann durch diesen Auftrieb am sichersten fliegen. Genau diese Theorie kannst du für dein eigenes Leben anwenden. Der Gegenwind bei einem Flugzeug sind die Herausforderungen in unserem Leben, die uns stark gemacht haben. Das sind Erlebnisse und Momente angefangen bei den ersten Gehversuchen, bis hin zu Abschlüssen im Berufsleben. Dieser Weg besteht immer aus Hinfallen, wieder aufstehen und weitermachen.

Es gibt aber sehr viele Menschen, die diese Stärke nicht haben und irgendwie ständig gefangen in ihren Gedanken ein Gefühl haben, am Rande der Gesellschaft zu stehen und nur zusehen zu können, wie andere an ihnen vorbeiziehen. Der Grund dafür sind negative Gedanken, Zweifel und Ängste. Wenn du dich dadurch angesprochen fühlst, dann solltest du jetzt besonders aufmerksam weiterlesen. Diese kurze Anleitung kannst du als dein Wegweiser und Punkteplan benutzen, um dich aus diesem Dschungel, bestehend aus negativen Gedanken und Angst, zu befreien.

Die meisten von uns legen sehr viel Wert auf ihr Äußeres. Um es zu verbessern sind wir sogar bereit, teilweise sehr viel Geld dafür auszugeben. Das Geld investieren wir z.B. in Nahrung oder auch Produkte, die uns in die Lage versetzen, mehr Leistung aus uns rauszuholen. Im Kosmetik-, Beauty- und Pflegebereich wurden 2019 unglaubliche 15 Milliarden Euro ausgegeben und die Tendenz ist weiterhin steigend. Das heißt, dass wir uns sehr mit unserem Äußeren identifizieren.

Was ist aber mit dem, was in deinem Kopf passiert? Deine Gedanken und dein Verstand gehören genauso zu dir, wie deine äußere Erscheinung. Diese Abteilung überlassen die meisten von uns jedoch dem Zufall und dabei ist dein Denken und dein Verstand dein Angestellter. Warum machen wir dann durch negative Gedanken, Groll, Hass, bis hin zu Angst, die für uns reines Gift ist, unseren

Angestellten zum Feind und erwarten dann noch, dass wir durch stunden- oder tagelanges Nachdenken eine Antwort bekommen? So funktioniert das nicht.

Als erstes solltest du deine Gedanken genauso als ein Teil von dir sehen, wie dein äußeres Erscheinungsbild und diese auch akzeptieren. Das was wir da in unseren Kopf mit uns herumtragen hat sich in den letzten tausenden von Jahren zu dem entwickelt, was es heute ist.

Wir Menschen sind das höchstentwickelte Wesen auf diesem Planeten und deshalb sind wir heute auch in der Lage, in so einer Bandbreite zu denken. Wenn wir jetzt unsere Gedanken sich selbst überlassen und durch Angst gedankliche Spannung erzeugen, dann kämpfen wir gegen unsere eigene Intelligenz und unser Unterbewusstsein.

Die Macht tiefer innerer Gefühle

Jeder einzelne von uns (und vielleicht zählst du auch dazu), der in der Lage ist, mit seinen Gedanken auf eine Reise zu gehen und somit Abteilungen tief in unserem Inneren zu betreten, der hat die Macht, tiefe innere Gefühle zu erzeugen. Für diese Menschen besteht jedoch auch die Gefahr, Grenzen zu überschreiten und durch negative Gedanken in Depressionen zu verfallen.

Wenn man es zulässt, dass die eigenen Gedanken sich in Ebenen vortasten, die man eigentlich als blühende Fantasie bezeichnet, dann überschreitet man damit Grenzen, denn für deine Gedanken ist alles real, was da in deinem Kopf passiert und vor sich geht, egal wie schlimm und erschreckend diese Welt auch sein mag. Wenn dir so etwas schon einmal passiert ist, dann weißt du, dass so eine Phase, wo man sich seelisch geknickt fühlt, eine gewisse Zeit in Anspruch nehmen kann.

Jedes Mal, wenn so etwas passiert, überschreitet man Grenzen und kommt nach einer gewissen Zeit wieder zurück und das geht dann so lange, bis man nicht mehr in der Lage ist, alleine und aus eigener Kraft zurück zu kommen, da man dann in einer Welt gefangen ist, die aus Angst und Fantasie besteht. Dann braucht man ärztliche Hilfe und wird mit Medikamenten behandelt. Was aber ist das für eine Hilfe?

Versteh' mich nicht falsch: Fantasie ist nichts Negatives! Denn genau das Gegenteil, wie ich es oben gerade beschrieben habe, kannst du mit deiner Fantasie ebenfalls erreichen. Du kannst den Ort der Fantasie auch als schönen Rückzugsort nutzen und dich so wieder auf Positivität polen, wenn es gerade nicht so gut läuft. Denn wie gesagt: Dein Unterbewusstsein weiss nicht, was real ist. Wenn du dir denkst, dass du ein starker, selbstbewusster, gesunder Mensch bist, dann ist das für deinen Verstand wahr. Das ist die andere, schöne Seite dieser Fantasie. Nutze sie also weise. Stoppe das negative Gedankenkarussell und schaffe dir einen schönen Kraftort im Kopf.

Wenn du diese Phasen der tiefen, inneren (belastenden) Gedankenreisen, die dich stundenlang einnehmen und beschäftigen, kennst, möchte ich dir ein Beispiel geben, wie du da wieder raus kommen kannst, denn einfach so schafft man es nicht, seine Fantasie in einen Kraftort zu verwandeln. Mit dem richtigen Wissen jedoch schon.

Es ist dabei wichtig eine Sache zu verstehen: Jedes Lebewesen - sei es noch so klein - kann eine Abwehrhaltung einnehmen, wenn es durch jemanden bedroht oder attackiert wird und sei es nur, dass durch hochgehobene Arme zur Abwehrhaltung ein "STOP" signalisiert wird.

Die Gedanken in uns und somit unser Angestellter muss alles ertragen und hinnehmen, ohne sich zur Wehr setzen zu können. All das passiert nur so, weil wir oft nicht in der Lage sind, die Kontrolle über unsere Gedanken zu übernehmen.

Kontrolle übernehmen

Die Gedanken in uns haben mindestens denselben Stellenwert wie unser äußeres Erscheinungsbild und somit unser Körper. Die meisten wissen mit der Fülle an Gedanken jedoch nicht umzugehen und wie sie die Kontrolle darüber übernehmen können oder sollen. Viele sind der Meinung, die vielen Gedanken stoppen zu können. Warum aber sollen wir etwas stoppen, das so hoch entwickelt ist, wie unser Gehirn? Durch diesen Stop würden wir uns in der Entwicklung rückwärts bewegen. Jetzt stellt sich die Frage, wie wir unsere Gedanken zu unseren Angestellten machen können, um Ängste erst gar nicht entstehen zu lassen.

Die Antwort darauf ist so banal wie auch einfach: Wir brauchen einen gewissen Abstand zu unseren Gedanken. Diesen Abstand erzeugst du bei deinem äußeren Erscheinungsbild, indem du vor dem Spiegel stehst und siehst, was du verändern musst, um es noch besser aussehen zu lassen. Wenn unser Auto durch einen Defekt liegen bleibt, dann sind wir gezwungen, auszusteigen und zu akzeptieren, dass wir unsere Verabredung oder wohin wir auch fahren wollten, ins Wasser fällt. Auch wenn du anfangs vielleicht sauer bist, wirst du es ziemlich schnell annehmen weil du weisst, dass du in diesem Moment nichts daran ändern kannst. So erzeugst du diesen Abstand, der dich logische Schlussfolgerungen tätigen lässt.

Stell dir jetzt vor, dass du auf der Autobahn in einem Stau stehst und jedes einzelne Auto ist einer deiner Gedanken. Dann hörst du im Radio über den Verkehrsfunk, dass dieser Stau eine Länge von 15 Kilometern hat - was nicht besonders erfreulich ist, weil du fest hängst. Es sind ca. 80.000 Gedanken, die täglich durch unser Gehirn fliegen und vielleicht stehen in diesem langen Stau genauso viele

Autos, wovon dich wahrscheinlich jedes einzelne nervt, da sie schließlich der Grund dafür sind, dass du da stehst und somit bekommt jedes einzelne Auto eine Bedeutung.

Schließe nach diesem Absatz hier kurz die Augen und stelle dir vor, dass du mit einem Heißluftballon über die Autobahn schwebst und mit einem gewissen Abstand genau diesen Stau von oben beobachtest. Wie unwichtig werden genau in diesem Augenblick alle diese Autos (deine Gedanken)? Durch den Abstand erfährst du eine innere Ausgeglichenheit und Ruhe.

Negative Gedanken und Angst existieren nur in unserer Fantasie. Was nicht existiert kann man auch nicht bekämpfen, aber man kann einen gesunden Abstand erzeugen. Du hast die Anzahl deiner Gedanken zugelassen ohne diese zu stoppen und du hast die Kontrolle dazu übernommen. Es wird so niemals passieren, dass Angst und negative Gedanken wieder die Kontrolle übernehmen. Sollten doch durch kurze Momente solche Gedanken aufkommen, erinnere dich daran, wie du von oben die Kontrolle übernimmst.

Sehr gerne helfe ich dir auf diesem Weg und erkläre dir Schritt für Schritt in einfacher und verständlicher Sprache, wie du das für dich umsetzen kannst, um endlich Nichtraucher zu werden.

Kostenloses Online-Seminar

Jetzt Platz sichern und ein neues Leben beginnen!

Hier kommst du direkt zur Gratis-Anmeldung zum kostenlosen Online-Seminar: https://rauchen-aufhoeren.eu/seminar

Sei jetzt mit dabei!

Passives Rauchen

Die meisten Raucher verdrängen das passive Rauchen. Das passiert bestimmt nicht mit Absicht, man kann es einfach nicht gut abschätzen oder denkt gar nicht groß darüber nach. Ich war damals auch der Meinung, dass wenn man im Auto raucht und beim Fahren das Fenster einen Spalt öffnet, der ganze Qualm und somit auch der Geruch verschwindet. Wenn man dann aber einige Zeit nicht mehr raucht und plötzlich wieder besser riechen kann, weiß man, dass diese Theorie so nicht stimmt.

In den letzten Jahren wird mehr und mehr auf Gesundheit geachtet und man muss heute als Raucher schon wirklich aufpassen, wo man raucht. Es soll sogar Gerichte geben, die es als Körperverletzung ansehen, wenn man jemanden mit seinem Qualm anpustet.

In meiner Zeit, als ich noch ein Kind war (70er Jahre), gehörte das Rauchen einfach dazu und meine Eltern waren beide starke Raucher. So habe ich schon einiges an Zigarettenqualm schlucken müssen, bevor ich selbst zum Raucher wurde. Ich kann mich erinnern, dass ich einmal als Kind aus Protest ein Plakat mit der Aufschrift "Rauchfreie Zone" an meine Tür zum Kinderzimmer angebracht habe. Heutzutage wird das Ganze zum Glück nicht mehr so easy angeschaut und ich habe auch zu meiner Zeit als Raucher nie in der Gegenwart meiner Kinder geraucht.

Passives Rauchen ist echt ein Thema, das ernst genommen werden sollte. Dieser Zigarettenqualm kann bei anderen Menschen und besonders bei Kindern großen Schaden anrichten. Ich weiß nicht, wie es dir dabei geht, aber alleine beim Gedanken daran, dass ich daran Schuld sein könnte, dass durch meine Unachtsamkeit meine Kinder oder andere zu Schaden kommen, zieht sich in mir alles zusammen.

Dann kommt dazu, dass sehr oft die eigenen Kinder auch mit dem Rauchen beginnen, wenn man es ihnen als Eltern vorgemacht hat. Vielen ist es egal, dass sie sich selbst schaden, indem sie rauchen.

Beim passiven Rauchen kommt jedoch das Moralische bei so ziemlich jedem Menschen ins wanken, der sich täglich mit seinen Zigaretten vergnügt. Da wird nämlich eindeutig eine Grenze überschritten und viele sehen das als triftigen Grund, um einen Strich zu ziehen - zum Wohle der eigenen Kinder und anderer wichtigen Personen im Leben.

Kinder gehen immer davon aus, dass wir Erwachsene alles richtig machen, vertrauen uns und sind dem, was wir tun auch ausgeliefert. Lass uns ein Zeichen setzen und mit gutem Beispiel vorangehen.

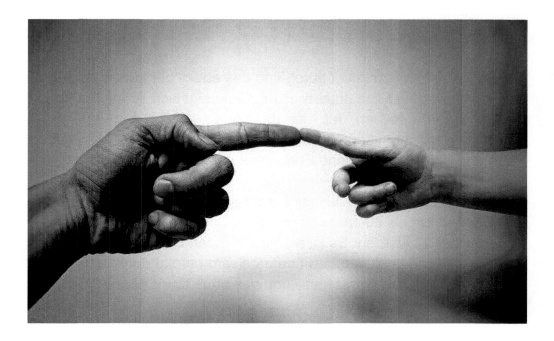

Rauchen aufhören - Die Körperveränderung

Vom Aufhören mit dem Rauchen spricht man ab dem Zeitpunkt, wo man die letzte Zigarette ausgedrückt hat und der Körper anfängt, sich zu erholen. Die Lunge braucht kein Teer mehr einzulagern und nach ca. einem Monat ohne Zigaretten wird der angesammelte Schleim in der Lunge abgebaut. Man spricht von einer Reinigung, wodurch man viel besser Luft bekommt, was auch Auswirkung auf unser Aussehen hat.

Es gibt kaum ein schöneres Gefühl, als das, wenn der Körper sich anfängt zu erholen und sich alles ins Positive verändert. Schon nach sehr kurzer Zeit machen sich diese Veränderungen bemerkbar. Die ersten Anzeichen sind, dass der Geruch und die gelben Finger verschwinden und nach einer Zahnreinigung erstrahlt auch das natürliche Weiß der Zähne wieder, welches dann auch erhalten bleibt.

Der Körper atmet richtig tief durch und das außer der Lunge auch über jede einzelne Pore unserer Haut. Das zeigt sich so auch durch ein frischeres Aussehen, das man durchaus auch von anderen bestätigt bekommt mit den Worten: "Warst du im Urlaub? Du siehst so frisch und erholt aus!" Solche Erlebnisse geben richtig Auftrieb.

Unser äußeres "Ich" freut sich also richtig und das auch noch wenn man schon älter als 50 Jahre ist und sich entschließt, endlich Nichtraucher zu werden. Es ist niemals zu spät. Dieser typische leicht graue und müde Look verschwindet und wird ersetzt durch ein frisches und waches Aussehen - und das ohne teure Kosmetik.

Der heilige Gral oder Einsicht und Bewusstsein

Es ist der Wunsch von den meisten, irgendwie unter den ganzen Methoden und Hinweisen die Lösung schlechthin zu finden und vielleicht war es bei dir genauso. Der Verstand sagt einem, dass es besser wäre, mit dem Rauchen aufzuhören und dann begibt man sich auf die Suche und hofft auf die Eingebung, das Argument oder den heiligen Gral, sodass sich der innere Schalter umlegt, um dann den Absprung zu schaffen.

Der Inhalt von diesem Buch vermittelt dir, warum so viele immer wieder scheitern und an welchen Stellschrauben man drehen muss, um in die richtige Richtung zu laufen. Es ist der Anfang von etwas Wundervollem und es ist schön, in die strahlenden Augen von Menschen zu sehen und zu hören, wie sie sagen: "Ich habe es geschafft, mich vom Nikotin zu befreien".

Ich würde dir sehr gerne auf diesem Weg helfen, aber ich möchte auch ganz ehrlich mit dir sein: Es wird ohne deine Einsicht und ein gewisses Bewusstsein und somit einem tiefen inneren Willen nicht funktionieren. Du selber kennst am besten die Beweggründe, die dich dazu gebracht haben, dir dieses Buch zu besorgen. Frage dich selber, ob und warum du mit dem Rauchen aufhören willst.

Nimm dir die Zeit und fertige eine Liste an, in der du dir die Vor- und Nachteile notierst. Sei dabei so detailliert und genau wie möglich. Wenn du das erledigt hast, frage dich selber, was du willst. Die Welt in der wir leben ist nicht nur von schönen Tagen geprägt aber sie ist gerecht mit Menschen, die bereit sind für etwas zu kämpfen und nicht vergessen, nach dem Hinfallen wieder aufzustehen.

Gehe nicht davon aus, dass andere diesen Part für dich übernehmen, so wie es anscheinend immer mehr Menschen versuchen, durch Hypnose Nichtraucher zu werden. Eine wirklich tolle Vorstellung und auch noch sehr bequem. Man legt sich hin, lässt sich in den Halbschlaf reden und durch irgendwelche Eingaben löst sich dann das Problem wie von selbst. Ohne zu übertreiben ist derartiges Denken eine reine Wunschvorstellung.

Man kann auf diese Art sein Unterbewusstsein unterstützen, aber es wird niemals so sein, dass es wie von Zauberhand und ohne dein Zutun funktionieren wird, Nichtraucher zu werden. Der beste Chirurg der Welt ist nicht in der Lage einem Patienten das Leben zu retten, wenn dieser nicht selber den Willen in sich trägt, leben zu wollen. Genauso wenig ist der beste Coach in der Lage dir dabei zu helfen, dass du Nichtraucher wirst, wenn dir dabei der Wille und die Einsicht fehlen.

Zusammenfassung

Im Titel des Buches erwähne ich ein Geheimnis, wodurch ich zum Nichtraucher geworden bin. Ich habe im Inhalt mehrmals die Chance genutzt, um darauf einzugehen, aber ich will jetzt dieses Kapitel hier nochmals nutzen, um es im Detail zu beschreiben. Wie viele Bücher hast du bereits gelesen, um endlich Nichtraucher zu werden? Wie viele Berichte, Videos und andere Informationen hast du dir schon besorgt? Hast du erst angefangen und ist es das erste Mal oder bist du schon eine Weile auf der Suche? Das spielt jetzt keine Rolle, denn ich werde dir eine kleine Gegenüberstellung beschreiben, die sehr einfach zu verstehen ist.

Es sind in Deutschland ca. zwei Drittel der Erwachsenen Raucher, wovon laut Umfragen ca. die Hälfte gerne aufhören würde zu rauchen. Diesen Versuch starten jeden Monat und wahrscheinlich sogar täglich hunderte oder sogar tausende von denen aufs Neue. Es wird sich bei diesem Versuch, mit dem Rauchen aufzuhören, ausschließlich nur auf die Nebeneffekte wie Entzugserscheinungen und Nebenwirkungen konzentriert und wie man diese durch eventuelle Hilfsmittel übersteht.

Wenn man das mit einem Auto vergleicht, dann sind diese aufgezählten Probleme wie eine rote Lampe in den Armaturen, die anzeigt, dass etwas mit dem Fahrzeug nicht in Ordnung ist. Die Hilfsmittel, um die anfänglichen Schwierigkeiten beim Aufhören zu meistern, lösen nicht das Problem an sich, sondern man klebt dadurch nur ein Pflaster auf die rote Lampe, um diese nicht mehr zu sehen. Die Ursache und somit das eigentliche Problem verbirgt sich jedoch immer noch im Bordcomputer. Dieser wurde durch das Nikotin in seiner Funktion manipuliert und nur das richtige Virenprogramm könnte diesen auf Dauer unschädlich machen.

Hört sich das utopisch und wie an den Haaren herbeigezogen an? Okay, dann kommt hier der Beweis: Jedes Jahr zum Jahreswechsel nehmen sich sehr viele Menschen vor, im neuen Jahr Nichtraucher zu werden. Die erschreckende Botschaft dabei ist, dass 93% davon in den ersten sechs Monaten ihre guten Vorsätze wieder über Bord werfen und wieder zu Rauchern werden. Nur 5% halten etwas länger durch. Die meisten von denen trauern der Zigarette aber trotzdem noch nach und auch ich bin auf diese Weise oft gescheitert. Woran liegt es, dass so ein hoher Prozentsatz an Menschen, die jeden Tag ihrer Verantwortung im Job und der Familie nachgehen, auf einmal hier nicht konsequent genug sein können?

Ein guter Freund und Kollege von mir raucht jetzt seit drei Jahren nicht mehr. Eines Tages fragte er mich, wie ich das mache. Ich fragte nach, was er genau meinte und er sagte mir, dass jedes Mal wenn er ein Bier mit Kollegen trinkt sofort der Drang nach der Zigarette kommt. Ich antwortete ihm folgendermassen: "Dann bist du leider nur ein rein körperlicher Nichtraucher und dein Kopf ist noch auf Raucher programmiert." Der persönliche Bordcomputer meines Freundes ist immer noch mit dem Nikotin-Trojaner infiziert und bringt bei jeder Gelegenheit sein komplettes Vorhaben in Gefahr und er trauert nach wie vor der Zigarette nach.

Mein Freund ist damit kein Einzelfall, denn so geht es den meisten Ex-Rauchern. Sie sind im Kopf immer noch Raucher. Der einzige Unterschied ist, dass sie körperlich Nichtraucher sind. Nur weil du nicht mehr rauchst heißt das also nicht, dass du wirklich Nichtraucher bist. Denn es können sehr anstrengende Jahre werden, wenn du jeden Tag an die Zigarette denkst, dich aber zwingst, keine zu rauchen. Mein Ziel ist es also, dir zu helfen, WIRKLICH Nichtraucher zu werden. So, dass du keinen Kampf mit dir selbst führen mußt, sondern frei bist. Frei von Ängsten und Zwängen rund ums Rauchen. Ein Mensch, der sich von den Ketten gelöst hat und ein neues Leben geschenkt bekommen hat. Ein Leben, in dem er/sie besser aussieht, gesünder ist, mehr Energie hat und durch den ganzen Prozess in jedem Bereich des Lebens gewachsen ist. Du bist nicht schwach, weil du es bisher nicht geschafft hast. Egal, wie viele Versuche du schon hinter dir hast. Du bist stark, weil du weitermachst und wieder aufstehst. Vergiss das nie. Da du dieses Buch bis hier gelesen hast, hast du einen sehr großen Schritt geschafft und das zeigt auch, dass der Wille da ist. Deshalb will ich dir gerne noch mehr Unterstützung bieten, indem ich dich in mein kostenloses Online-Training einlade, in welchem ich dir jeden einzelnen Schritt mit an die Hand gebe, damit du endlich Nichtraucher wirst - und das ohne der Zigarette nachzutrauern.

Ich war selber 23 Jahre lang sehr starker Raucher und bin durch dieses Geheimnis zum Nichtraucher geworden, der die Zigarette komplett vergessen hat. Dieses Gefühl ist so unglaublich, dass es mich sogar 10 Jahre später noch antreibt, anderen Menschen zum gleichen Lebensgefühl zu verhelfen. Mein Online-Seminar ist ein echtes Herzensprojekt und am Ende davon bekommst du von mir ein Konzept an die Hand, mit dem du es mir eins zu eins nachmachen kannst. Dieses kostenlose Online-Seminar geht ca. 60 Minuten. Verschaffe dir dabei selbst die beste Ausgangslage, indem du ungestört an einem PC oder Laptop teilnimmst, da bei mobilen Endgeräten immer wieder Probleme in der Übertragung entstehen können.

Klicke jetzt den Link unten an, um dir deinen Gratis-Platz im kostenlosen Online-Seminar zu sichern!
https://rauchen-aufhoeren.eu/seminar

Über den Autor

Hannes Heinemann, geboren 1964, wuchs in der kleinen Stadt "Schwedt" nahe an der polnischen Grenze in der ehemaligen DDR auf. Bedingt durch die Reisebeschränkung machte er mit dem Fall der Mauer, die einst Ost und West voneinander trennte, die neugewonnene Freiheit zu seinem Job und durchquerte so beruflich Woche für Woche ganz Europa.

Er liebte es, frei wie ein Vogel unterwegs zu sein und so liebte er besonders die langen Touren, die über mehrere Wochen gingen. Die Verbindung zum Nikotin begann schon als Kind in sehr jungen Jahren, da seine Eltern selber starke Raucher waren. Nachdem er selber schon einige Jahre rauchte, begann er selber Wege zu suchen, um sich von dieser Sucht zu befreien.

Nach vielen gescheiterten Versuchen hinterfragte er diese Problematik, da er nicht glauben wollte, dass es an den Menschen lag, die angeblich zu schwach sein sollten. Er sagte sich immer wieder, dass es da etwas geben muss, das man ihm und allen anderen Versuchenden vorenthält. Diese Mühe hat sich gelohnt, denn er fand heraus, dass fast alle Therapien und auch die sich auf dem Markt befindlichen Hilfsmittel nur darauf ausgelegt sind, die Nebeneffekte wie Entzugserscheinungen zu lindern. Die Ursache der Abhängigkeit besteht aber weiterhin und deshalb ist es auch auf Dauer für viele sehr schwer und teilweise eine Qual, weiter an den guten Vorsätzen ohne Nikotin festzuhalten.

Er konnte sich selbst durch seine Erkenntnis vom Nikotin befreien und hat es sich zur Aufgabe gemacht, so vielen wie möglich dabei zu helfen, dasselbe zu erreichen: Endlich Nichtraucher zu werden - und das ohne der Zigarette nachzutrauern.

Copyright

Name: Hannes Heinemann
Adresse: DK 8620 Kjellerup / Søndergade 19
Web: https://rauchen-aufhoeren.eu/seminar

E-Mail: info@rauchen-aufhoeren.eu

Dieses Werk ist urheberrechtlich geschützt.

Alle Rechte, auch die der Übersetzung, des Nachdrucks und der Vervielfältigung des Werkes oder Teilen daraus, sind vorbehalten. Kein Teil des Werkes darf ohne schriftliche Genehmigung des Verlags in irgendeiner Form (Fotokopie, Mikrofilm oder einem anderen Verfahren), auch nicht für Zwecke der Unterrichtsgestaltung, reproduziert oder unter Verwendung elektronischer Systeme verarbeitet, vervielfältigt oder verbreitet werden.

Die Wiedergabe von Gebrauchsnamen, Handelsnamen, Warenbezeichnungen usw. in diesem Werk berechtigt auch ohne besondere Kennzeichnung nicht zu der Annahme, dass solche Namen im Sinne der Warenzeichen- und Markenschutz-Gesetzgebung als frei zu betrachten wären und daher von jedermann benutzt werden dürfen. Trotz sorgfältigem Lektorat können sich Fehler einschleichen. Autor und Verlag sind deshalb dankbar für diesbezügliche Hinweise. Jegliche Haftung ist ausgeschlossen, alle Rechte bleiben vorbehalten.

© 2020 Hannes Heinemann
Auflage 1
Autor: Hannes Heinemann